Petits
MESSAGES
qui rendent
Heureux

Petits MESSAGES qui rendent Heureux

LAROUSSE

Avant-propos

« De temps en temps, il est bon d'arrêter notre quête de bonheur et d'être tout simplement heureux. »
Et pourtant, n'en déplaise à Guillaume Apollinaire, le bonheur échappe à toute définition.
Aucun mot ne saurait le décrire aussi parfaitement qu'une sensation, qu'un sentiment. Il est, et c'est peut-être tout.

Pour autant, théologiens, philosophes, sages, écrivains et artistes se sont interrogés sur la meilleure façon d'accéder au bonheur et à l'état de contentement que chacun d'entre nous cherche à atteindre.
Ce recueil est le fruit de leurs réflexions, de leurs expériences. Graves, légères, distrayantes, originales, ces pensées apportent moins des réponses que des pistes.
Car le bonheur, avant tout, est une affaire personnelle, une histoire d'apprivoisement et de conquête. Insaisissable, parfois contradictoire. Mais il est surtout un chemin, sur lequel quoi d'autre que les mots peut nous guider ? Car « le véritable lieu de naissance est celui où l'on a porté pour la première fois un coup d'œil intelligent sur soi-même : mes premières patries ont été les livres. »
(Marguerite Yourcenar)

**Le vrai bonheur
ne dépend d'aucun être,
d'aucun objet extérieur.
Il ne dépend que de nous.**

Dalaï-Lama

L'effort qu'on fait pour être heureux
n'est jamais perdu.

Alain

> Si je n'échange point mon bonheur contre la souffrance d'autrui, je n'atteindrai jamais l'Éveil et même dans le monde je n'aurai nulle joie.
>
> *Shantideva*

*La vie, ce n'est pas
d'attendre que
les orages passent,
c'est d'apprendre
à danser sous
la pluie.*

Sénèque

J'ai décidé d'être heureux parce que c'est bon pour la santé.

Voltaire

Il ne suffit pas d'être heureux ; encore faut-il que les autres soient malheureux.

Jules Renard

Le plus grand secret du bonheur,
c'est d'être bien avec soi.

Bernard Fontenelle

Le plaisir est le bonheur des fous, le bonheur est le plaisir des sages.

Jules Barbey d'Aurevilly

Le bonheur d'un ami nous enchante. Il nous ajoute. Il n'ôte rien. Si l'amitié s'en offense, elle n'est pas.

Jean Cocteau

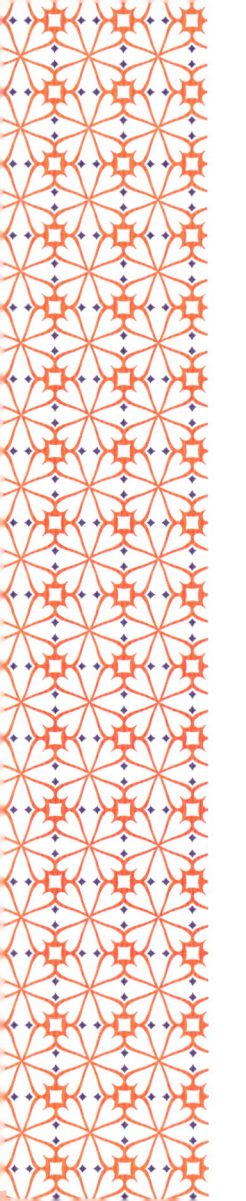

Le bonheur, c'est de continuer à désirer ce qu'on possède.

Saint-Augustin

Être heureux,
sourire, est un don
que l'on fait à autrui.
C'est témoigner qu'être
heureux est possible.

Maître Deshimaru

Que chacun examine ses pensées, il les trouvera toutes occupées au passé et à l'avenir. Nous ne pensons presque point au présent. (...) Ainsi nous ne vivons jamais, mais nous espérons de vivre ; et nous disposant toujours à être heureux, il est inévitable que nous ne le soyons jamais.

Blaise Pascal

Le bonheur parfait est quelque chose de très proche de la tristesse.

Charlie Chaplin

Mettez le bonheur dans la liberté, la liberté dans la vaillance.

Thucydide

Il n'y a pas de plus grand bonheur que la venue d'un hôte dans la paix et l'amitié.

Proverbe africain

Le bonheur est un idéal, non de la raison mais de l'imagination.

Emmanuel Kant

Travaillez comme si vous n'aviez pas besoin d'argent, aimez comme si vous n'aviez jamais souffert et dansez comme si personne ne vous regardait.

Mark Twain

Je te conseille vivement de ne pas demander pourquoi ou comment, contente-toi d'apprécier la crème glacée tant qu'elle est sur ton assiette – voilà ma philosophie.

Thornton Wilder

La joie est notre évasion hors du temps.

Simone Weil

Ne cherche pas à ce que les événements arrivent comme tu veux, mais veuille que les événements arrivent comme ils arrivent, et tu seras heureux.

Épictète

*La nécessité
de rechercher
le véritable bonheur
est le fondement
de notre liberté.*

John Locke

*Rendre heureux quelqu'un,
c'est augmenter son être, doubler
l'intensité de sa vie, le révéler à lui-même,
le grandir et parfois le transfigurer.
Le bonheur efface la laideur et même fait
la beauté de la beauté. Il faut, pour
en douter, n'avoir jamais vu poindre
les roses de l'amour sur les joues
d'une jeune fille (…).*

Henri-Frédéric Amiel

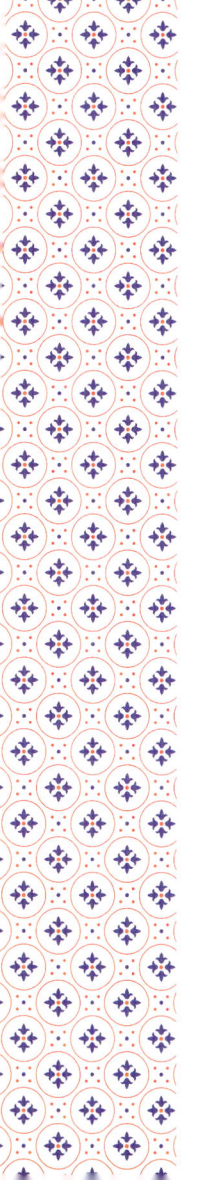

De toutes les dispositions
de l'esprit, la simplicité
est celle qui contribue
au bonheur de la vie.

Axel Oxenstiern

**Le bonheur
est une vertu, pas
sa récompense.**

Baruch Spinoza

Le bonheur, à vrai dire, est toute la sagesse, et rêver est tout le bonheur.

Charles Nodier

Être heureux ne signifie pas que tout est parfait. Cela signifie que vous avez décidé de regarder au-delà des imperfections.

Aristote

Le bonheur,
on ne le trouve pas,
on le fait. Le bonheur
ne dépend pas de ce qui
nous manque, mais
de la façon dont nous
nous servons de ce que
nous possédons.

Arnaud Desjardins

*Votre avenir, votre bien-être,
ce que vous devenez,
la paix de votre esprit,
votre courage intérieur, s'élaborent
en fonction du bonheur des autres.
Votre bonheur est intimement
associé à leur bonheur.*

Dalaï-Lama

Le bonheur humain est composé de tant de pièces qu'il en manque toujours.

Jacques-Bénigne Bossuet

Le bonheur est un mythe inventé par le diable pour nous désespérer.

Gustave Flaubert

Tourne-toi vers le soleil, l'ombre sera derrière toi.

Proverbe maori

Chercher le bonheur en dehors de nous, c'est comme attendre le soleil dans une grotte orientée au Nord.

Adage tibétain

La vie heureuse est celle qui est en accord avec sa propre nature.

Sénèque

Le bonheur est indissociable du malheur, la vie ne manquera pas de nous confronter au tragique et au désarroi, alors autant ne pas rêver ou fantasmer sur un bonheur parfait et permanent. Mais appendre à savourer le bonheur par petits bouts, préserver les petits bonheurs même et surtout dans l'adversité.

Christophe André

Soyez heureux, agissez dans le bonheur,
sentez-vous heureux, sans aucune raison.

Socrate

**Ce qui te manque,
cherche-le dans
ce que tu as.**

Koan zen

Le meilleur pour l'homme est de vivre
avec le maximum de joie et le minimum
de tristesse. Or ce n'est pas impossible,
si l'on ne place pas le plaisir dans
les choses périssables.

Démocrite

Qui veut être constant dans le bonheur ou la sagesse doit savoir changer souvent.

Confucius

Qu'importe qu'un bonheur soit faux, du moment qu'on croit qu'il est vrai.

André Maurois

Il faut avoir femmes, enfants, biens, et surtout de la santé, si l'on peut ; mais non pas s'y attacher en manière que notre bonheur en dépende.

Montaigne

Sourire trois fois tous les jours rend inutile tout médicament.

Proverbe chinois

Le bonheur et le désir ne peuvent se trouver ensemble.

Épictète

*L'argent n'est qu'un nombre et les nombres
ne se terminent jamais. S'il te faut
de l'argent pour être heureux, ta quête
du bonheur ne se terminera jamais.*

Albert Einstein

Le bonheur est une recherche.
Il faut y employer l'expérience
et son imagination.

Jean Giono

Il faudrait essayer d'être heureux, ne serait-ce que pour donner l'exemple.

Jacques Prévert

C'est par le bonheur intense du plus grand nombre que l'on mesure le bien et le mal.

Jeremy Bentham

Le bonheur, c'est la somme de tous les malheurs qu'on n'a pas.

Marcel Achard

*Chaque instant est unique
et précieux – aussi pourquoi
perdre du temps en vains
conflits ? Ordonnez vos
priorités en conséquence.*

Dalaï-Lama

La découverte d'un mets nouveau fait plus pour le bonheur du genre humain que la découverte d'une étoile.

Jean Anthelme Brillat-Savarin

Le bonheur continu nous rend audacieux.

Charles Perrault

Sois content de ce que tu es ; on ne peut pas être le premier en tout.

Ésope

Ne distingue pas Dieu du bonheur et place tout ton bonheur dans l'instant.

André Gide

La sagesse de la joie est une voie vers un bonheur profond et durable.

Frédéric Lenoir

*Le bonheur n'existe pas.
Seul existe le désir
d'y parvenir.*

Anton Tchekhov

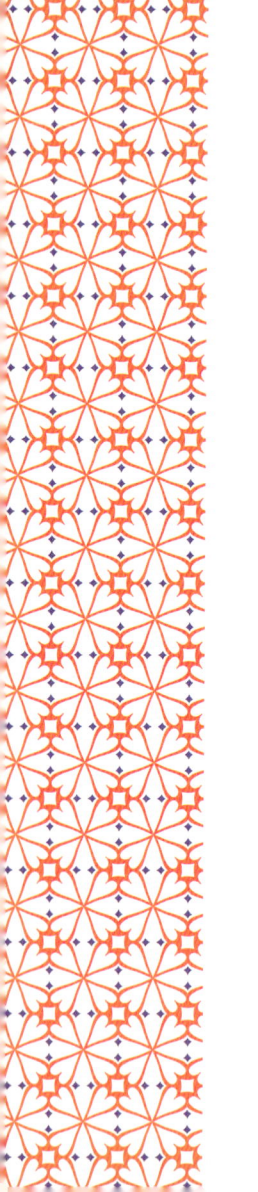

Il ne faut pas de tout pour faire un monde. Il faut du bonheur et rien d'autre.

Paul Éluard

On n'est heureux que par l'amour.

Pierre Choderlos de Laclos

*Pour retrouver l'âme universelle
sous les couleurs changeantes de la réalité,
il faut se débarrasser de son ego. L'homme
personnel est fermé au monde.*

Rabindranath Tagore

Quand ce que vous pensez, ce que vous dites et ce que vous faites sont en harmonie, le bonheur vous appartient.

Gandhi

**En général,
les gens sont
heureux dans
la mesure
où ils décident
de l'être.**

Abraham Lincoln

Non, être aimé ne donne
pas le bonheur. Mais aimer,
ça c'est le bonheur !

Hermann Hesse

*Il n'y a point de bonheur
sans courage, ni de vertu
sans combat.*

Jean-Jacques Rousseau

*La sagesse est de voir le nouveau
dans l'ordinaire, en s'accommodant
du monde tel qu'il est. Il y a des trésors
cachés dans l'instant présent.*

Santoka Taneda

Le bonheur est une petite chose que l'on grignote assis par terre, au soleil.

Jean Giraudoux

Le bonheur est parfois caché dans l'inconnu.

Victor Hugo

Le bonheur pour une abeille ou un dauphin est d'exister. Pour l'homme, c'est de le savoir et de s'en émerveiller.

Jacques-Yves Cousteau

Il n'y a qu'une erreur innée : celle qui consiste à croire que nous existons pour être heureux.

Arthur Schopenhauer

*On devrait bien enseigner
aux enfants l'art d'être heureux quand
les circonstances sont passables et que
toute l'amertume de la vie se réduit
à de petits ennuis et à de petits malaises.*

Alain

**Le bonheur est
un acte réfléchi
de l'âme en accord
avec la vertu.**

Aristote

Choisissez un travail que
vous aimez et vous n'aurez
pas à travailler un seul jour
de votre vie.

Confucius

*Le plaisir
se ramasse, la joie se
cueille et le bonheur
se cultive.*

Bouddha

*On n'est jamais heureux
que dans le bonheur qu'on
donne. Donner, c'est recevoir.*

Abbé Pierre

Si tu veux une heure de bonheur, fais une sieste. Si tu veux une journée de bonheur, va à la pêche. Si tu veux une vie de bonheur, aide ton prochain.

Proverbe chinois

*Pour être sans cesse pleinement heureux
et quitte avec Dieu, les autres
et soi-même, considérer tout ce qui arrive
de fâcheux, de mal comme naturel,
par conséquent avec bonne humeur
et tout ce qui se présente de bien,
le beau temps ou certaines rencontres,
comme des dons gratuits.*

Marcel Jouhandeau

Le bonheur ne consiste pas à acquérir
et à jouir, mais à ne rien désirer,
car il consiste à être libre.

Épictète

Le bonheur est possible et il vaut mieux aller à sa rencontre qu'en écouter le récit.

Christophe André

**Rêve ta vie
en couleur,
c'est le secret
du bonheur.**

Walt Disney

Si le bonheur est un rêve,
pour être heureux fermons
les yeux.

Eugène Scribe

*Le plus heureux
des hommes est celui
qui croit l'être.*

Charles Pinot Duclos

*Puisse chacun avoir la chance
de trouver justement la conception
de la vie qui lui permet de réaliser
son maximum de bonheur.*

Friedrich Nietzsche

Avoir l'air d'être heureux n'est pas le bonheur, l'homme véritablement heureux l'est au fond du cœur.

Publilius Syrus

On n'est pas heureux : notre bonheur, c'est le silence du malheur.

Jules Renard

Plus je vieillis et plus je trouve
qu'on ne peut vivre qu'avec les êtres
qui vous libèrent, qui vous aiment
d'une affection aussi légère à porter
que forte à éprouver.

Albert Camus

*Nul n'est moins apte
à apporter la consolation
qu'un être heureux.*

Robert Sabatier

**Il n'est de médecine
qui guérisse ce que
ne guérit pas
le bonheur.**

Gabriel García Márquez

Théoriquement, il existe une possibilité de bonheur parfait : croire à ce qu'il y a d'indestructible en soi et ne pas s'efforcer de l'atteindre.

Franz Kafka

Si vous voulez être heureux, que la raison soit votre guide.

William de Britaine

Être heureux c'est croire, donner, produire, faire du bien.

Henri-Frédéric Amiel

Être heureux, c'est prendre conscience qu'il existe des malheureux plus malheureux que soi.
Stanislas Leszczynski

Pour être heureux, il faut d'abord être content de soi et, si possible, contenter les autres.

Joseph Droz

L'homme qui ne se contente pas de peu ne sera jamais content de rien.

Épicure

La vie, c'est la minute où nous cherchons tous à être heureux.

Francis Picabia

Le seul moyen d'être heureux,
c'est de s'occuper du bonheur
de ceux qui nous entourent.

Auguste de Labouïsse-Rochefort

Soyons reconnaissants aux personnes qui nous donnent du bonheur ; elles sont les charmants jardiniers par qui nos âmes sont fleuries.

Marcel Proust

*Il faut à l'homme,
pour être heureux,
qu'il marche appuyé
sur la prudence et
éclairé par la raison.*

Louis-Philippe de Ségur

Le contentement est l'élixir le plus agréable pour être heureux.

William de Britaine

Fort peu de gens ont le courage d'oser être heureux.

Mademoiselle de Sommery

Le bonheur consiste à être celui que l'on souhaite être.

Érasme

La vie la plus heureuse est la vie spirituelle, celle où chaque seconde a une densité explosive et où l'on éprouve à la fois la vigilante somnolence des chats et l'éblouissement théologique des bébés.

Christian Bobin

*La vérité est une grâce infinie
qui nous enseigne qu'il faut
se satisfaire de notre vie
quotidienne et partager
ce bonheur avec les autres.*

Khalil Gibran

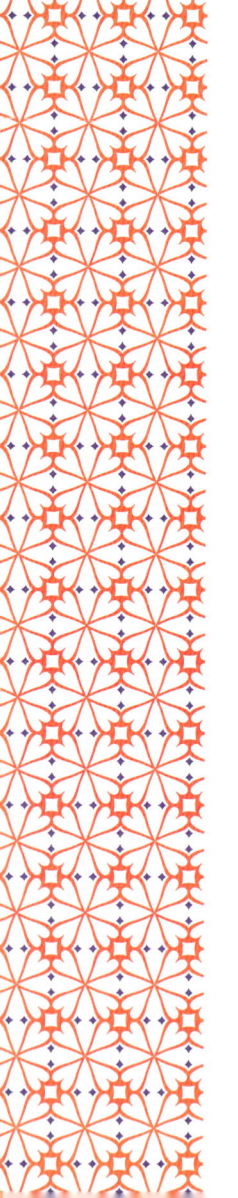

Le rire et le sommeil sont
les meilleurs remèdes
du monde.

Proverbe irlandais

**Si tu ne trouves
pas le bonheur
à l'endroit
où tu es,
où espères-tu
le trouver ?**

Maître Dôgen

*Notre cœur s'emplit tant de plaisir
devant la beauté et le bonheur des enfants
qu'il en devient trop grand pour tenir
dans notre corps.*

Ralph Waldo Emerson

Un travail réglé et des victoires après des victoires, voilà sans doute la formule du bonheur.

Alain

Si tu veux être heureux, ne sois pas trop sage.

Thomas Carlyle

La condition première pour être heureux dans la vie, c'est d'accepter d'être ce que nous sommes.

Arthur Schopenhauer

Nous ne savons pas si les choses qui nous affligent sont ou non le commencement secret de notre bonheur.

Jorge Luis Borges

Pour être heureux, il faut préférer les nuages au soleil.

Pierre-Jules Stahl

**Pour être heureux,
il faut penser au bonheur
d'un autre.**

Gaston Bachelard

Un homme heureux
se porte toujours bien.

Aristophane

La bonne humeur passe dans l'âme de ceux qui l'approchent.

Denis Diderot

Il ne faut pas attendre d'être parfait pour commencer quelque chose de bien.

Abbé Pierre

Le secret du bonheur est de regarder toutes les merveilles du monde, mais sans jamais oublier les gouttes d'huile qui sont dans la cuillère.

Paulo Coelho

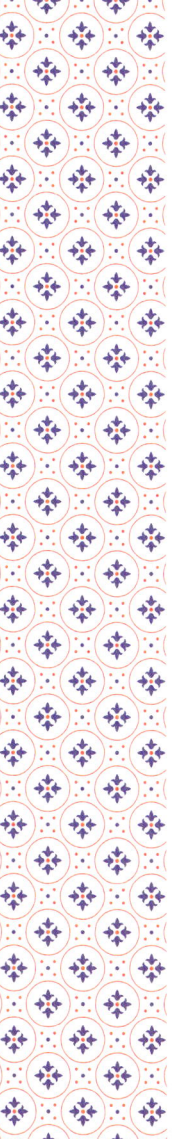

Nous sommes tous sourds quand cela arrange notre bonheur. Cela repose un peu de ne pas tout entendre.

Tahar Ben Jelloun

On n'est heureux, ni riche, tant qu'on s'efforce de l'être davantage.

Pierre-Claude-Victor Boiste

*Il faut rire avant
que d'être heureux,
de peur de mourir
sans avoir ri.*

Jean de La Bruyère

*Le bonheur est né
de l'altruisme et le malheur
de l'égoïsme.*

Bouddha

Toute prospérité ne rend pas l'homme heureux, tout ce qui brille n'est pas or.

Axel Oxenstiern

*Ce n'est pas vivre selon la science
qui procure le bonheur, ni même
de réunir toutes les sciences à la fois,
mais de posséder la seule science
du bien et du mal.*

Platon

C'est en croyant aux roses qu'on les fait éclore.

Anatole France

J'ai connu le bonheur, mais ce n'est pas ce qui m'a rendu le plus heureux.

Jules Renard

Ni l'or ni la grandeur ne nous rendent heureux.

Jean de La Fontaine

Soyez heureux, tel est le secret du bonheur !

Paul Gordeaux

Être heureux, c'est sans importance.
Il s'agit de se croire heureux.

Charles Régismanset

*Crois-toi, connais-toi, respecte-toi.
La pratique habituelle de ces trois maximes
fait l'homme sain, éclairé, bon et heureux.*

Marie-Jean Hérault de Séchelles

Identifier ses talents et se donner l'occasion de les exploiter est la clé du bonheur.

John Dewey

Qui aime est bien plus heureux que qui est aimé.

Maurice Maeterlinck

Il est pertinent de prendre conscience
de ce que l'on croit, puis de se rendre
compte que ce sont des croyances,
et enfin, de découvrir leurs effets
sur notre vie. Cela peut nous aider
à comprendre bien des choses
que nous vivons.

Laurent Gounelle

Heureux ? Quelle drôle d'idée ! Est-ce que le soleil est heureux ?

Éric-Emmanuel Schmitt

À moitié heureux, c'est être heureux. On ne l'est jamais davantage.

Maxence Van der Meersch

Puise le bonheur en toi-même du simple fait d'avoir effectué une bonne journée de travail, d'avoir illuminé le brouillard qui nous entoure.

Henri Matisse

Le grand art d'être heureux n'est que l'art de bien vivre.

Maurice Denuzière

Tout le bonheur du monde est dans l'inattendu.

Jean d'Ormesson

Le bonheur, ce serait donc cela : accueillir tout ce qui nous vient et s'autoriser à déguster jusqu'aux plaisirs minuscules ? Il y a, en effet, dans le simple fait d'exister, dans la pulsion de vie, une légèreté, un plaisir d'être. Et cette jouissance se cultive.

Françoise Héritier

Un arbre qui tombe fait plus de bruit qu'une forêt qui pousse.

Adage indien

Heureux d'arriver ; heureux de partir – le mantra du voyageur.

Richard Ford

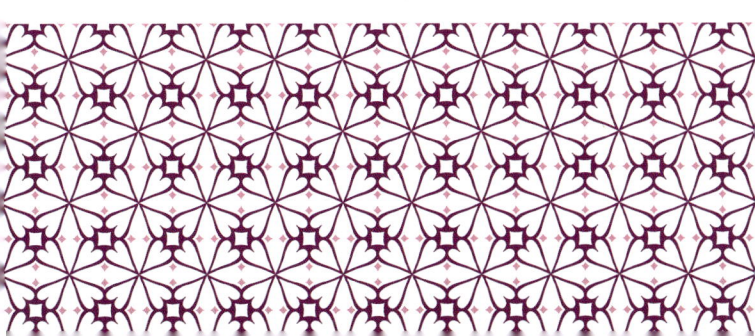

L'héroïsme est peu de chose, le bonheur est plus difficile.

Albert Camus

La jouissance du bonheur amoindrira toujours le bonheur.

Honoré de Balzac

Celui qui aime la gloire met son propre bonheur dans les émotions d'un autre. Celui qui aime le plaisir met son bonheur dans ses propres penchants. Mais l'homme intelligent le place dans sa propre conduite.

Marc Aurèle

Faire un homme heureux, c'est mériter de l'être.

Jean-Jacques Rousseau

On n'est heureux qu'autant qu'on le croit être.

Thomas Corneille

Être heureux, c'est se savoir beau dans le regard des autres.

Albert Jacquard

Un grain de gaieté assaisonne tout.

Baltasar Gracían

Il vaut mieux être heureux un peu tard que jamais.

Charles-Albert Demoustier

*Savoir se contenter
de ce que l'on a constitue
le plus haut degré de bonheur.*

Yoga Sûtra

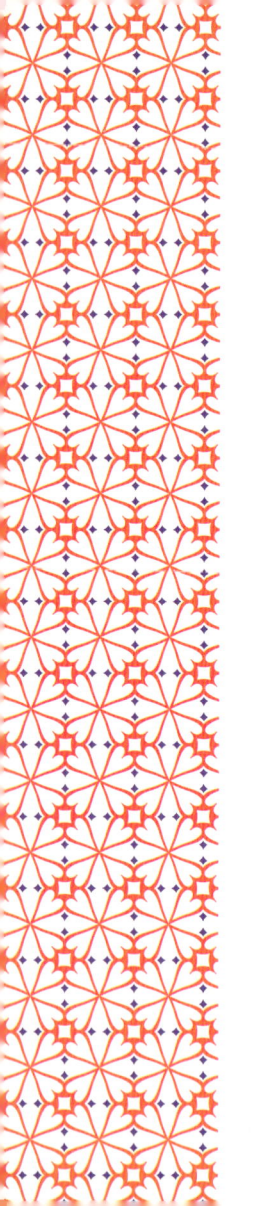

Le malheur peut être
un pont vers le bonheur.

Proverbe japonais

**La mélancolie,
c'est le bonheur
d'être triste.**

Victor Hugo

Notre expiration est celle de l'univers entier. Notre inspiration est celle de l'univers entier. À chaque instant, nous réalisons ainsi la grande œuvre illimitée. Avoir cet esprit-là, c'est faire disparaître tout malheur et engendrer le bonheur absolu.

Kodo Sawaki

Qu'est-ce que le bonheur sinon l'accord vrai entre un homme et l'existence qu'il mène ?

Albert Camus

Le bonheur est une fin en soi.

Aristote

Ce n'est pas tant ce que les gens ignorent qui cause des problèmes, c'est tout ce qu'ils savent et qui n'est pas vrai.

Mark Twain

Considérez ce que vous avez à faire comme facile, et cela le sera.

Émile Coué

Le bonheur est une chose qui se vit et se sent, et non qui se raisonne et se définit.

Miguel de Unamuno

Dans votre vie, tout ce que vous ferez sera insignifiant, mais il est très important que vous le fassiez quand même.

Gandhi

Il n'est pas nécessaire de vivre, mais il l'est de vivre heureux.

Jules Renard

La joue est notre évasion hors du temps.

Simone Weil

*Faites le bien,
par petits bouts,
là où vous êtes ;
car ce sont tous ces
petits bouts de bien,
une fois assemblés,
qui transforment
le monde.*

Desmond Tutu

Laissez-vous guider par votre rêve, même si vous devez momentanément le mettre de côté pour trouver un emploi ou payer votre loyer. Et restez toujours ouvert aux opportunités de sortir du cadre pour mener la vie et faire les choses qui vous inspirent profondément… n'ayez pas peur.

Jane Goodall

Tous les jours, à tous points de vue, je vais de mieux en mieux.

Émile Coué

Le bonheur est un papillon. Si nous le chassons, il nous échappe ; mais si nous nous asseyons tranquillement, il vient voleter au-dessus de nos têtes.

Nathaniel Hawthorne

Nul besoin de faire de la Terre un paradis : elle en est un. À nous de nous adapter pour l'habiter.

Henry Miller

Pour ce qui est de l'avenir, il ne s'agit pas de le prévoir mais de le rendre possible.

Antoine de Saint-Exupéry

Observez l'ordre naturel des choses. Travaillez avec lui plutôt que contre lui, car essayer de changer ce qui est ne pourra que faire surgir une résistance.

Lao-Tseu

*Le bonheur de demain n'existe pas.
Le bonheur, c'est tout de suite ou jamais.
Ce n'est pas réfléchir, dorer, organiser,
capitonner la vie, mais savoir
la goûter à tout instant.*

René Barjavel

L'homme le plus riche est celui dont les plaisirs sont les plus modestes.

Henry David Thoreau

Pour être heureux jusqu'à un certain point, il faut que nous ayons souffert jusqu'au même point.

Edgar Allan Poe

Quand la chance le désire, un homme est heureux.

Proverbe hollandais

L'expérience nous apprend qu'il faut donner priorité aux rares personnes capables de nous apprécier tels que nous sommes.

Gail Godwin

*Celui qui est
le maître de
lui-même est plus
grand que celui
qui est le maître
du monde.*

Bouddha

*Il y a au fond de vous de multiples
petites étincelles de potentialités ;
elles ne demandent qu'un souffle pour
s'enflammer en de magnifiques réussites.*

Wilferd A. Peterson

Si vous voulez que la vie vous sourie, apportez-lui d'abord votre bonne humeur.

Baruch Spinoza

Le bonheur est un seul bouquet : confus léger fondant sucré.

Paul Éluard

Nous avons à réaliser maintenant le plus beau défi que notre humanité ait jamais eu à relever au cours de son histoire : arrêter nos propres programmes d'autodestruction, et transformer la société par une évolution de l'art de vivre… Soyez le changement que vous souhaiteriez voir dans le monde !

Gandhi

*Le paradis
n'est pas un lieu,
c'est un état d'âme.*

Georges Barbarin

*Le bonheur est un cadeau.
La difficulté est de ne pas
l'attendre, mais de s'en
délecter lorsqu'il vient.*

Charles Dickens

*Quoi que tu rêves
d'entreprendre, commence-le.
L'audace a du génie,
du pouvoir, de la magie.*

Johann Wolfgang von Goethe

Les folies sont les seules choses qu'on ne regrette jamais.

Oscar Wilde

Au fur et à mesure que je modifie mes pensées, le monde autour de moi se transforme.

Louise L. Hay

*Vivre, il n'y a là aucun bonheur.
Vivre : porter de par le monde son moi
douloureux. Mais être, être est bonheur.
Être : se transformer en fontaine, vasque
de pierre dans laquelle l'univers descend
comme une pluie tiède.*

Milan Kundera

Le vrai bonheur est sans doute dans la simplicité des cœurs, loin des vanités et des fausses ambitions.

Paul Javor

Le bonheur supprime la vieillesse.

Franz Kafka

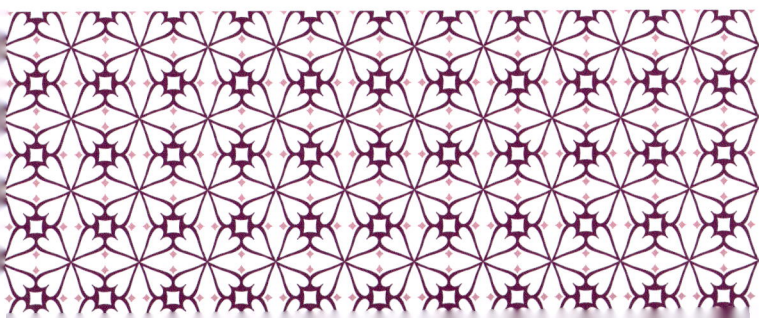

Il ne faut pas croire exagérément au bonheur.

Jean Anouilh

La source la plus directe du bonheur est une humeur enjouée. Cette qualité trouve tout de suite sa récompense en elle-même.

Arthur Schopenhauer

Réconciliez-vous avec vos proches, dissipez les toxines qui divisent, qui créent du mal-être mutuel, respectez la terre qui nous fait vivre et ceux avec qui nous la partageons. C'est là que se trouve la clé de l'humanisme que nous espérons voir émerger.

Pierre Rabhi

Se jeter dans les extrêmes, voilà la règle du poète. Garder en tout un juste milieu, voilà le bonheur.

Denis Diderot

**Il entre dans
la composition
de tout bonheur
l'idée de l'avoir
mérité.**

Joseph Joubert

Comme la fraise a goût
de fraise, la vie a goût
de bonheur.

Alain

Je sais et je sens que faire du bien est le plus vrai bonheur que le cœur humain puisse goûter.

Jean-Jacques Rousseau

Nous sommes ce que nous pensons. Tout ce que nous sommes résulte de nos pensées. Avec nos pensées, nous bâtissons notre monde.

Bouddha

J'appelle caractère d'un homme sa manière habituelle d'aller à la chasse au bonheur.

Stendhal

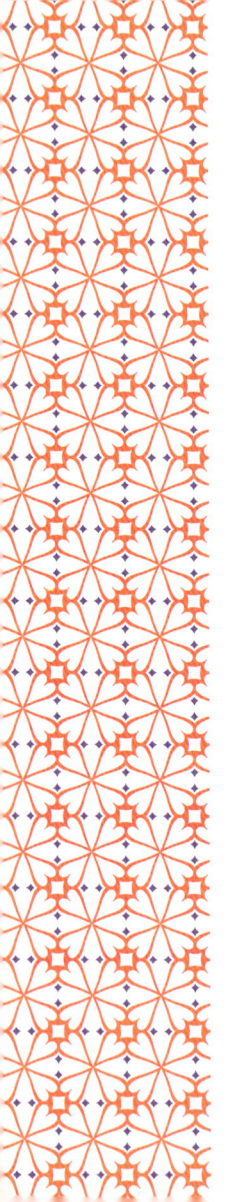

L'amitié fait le tour
du monde et nous convie
tous à nous réveiller
pour la vie heureuse.

Épicure

**Le bonheur
est toujours
à la portée
de celui qui sait
le goûter.**

François de La Rochefoucauld

Notre monde actuel est pris dans une frénésie du « toujours plus », de l'activisme, de l'accumulation des richesses, alors que l'homme a besoin de bien peu de choses pour être heureux. L'essentiel de son bonheur ne relève pas de ses possessions, mais de la paix de l'âme.

Frédéric Lenoir

Ce qui pour nous fait le bonheur ou le malheur de notre vie constitue pour tout autre un fait presque imperceptible.

Marcel Proust

**Heureux d'être.
D'être quoi ?
D'être
simplement.**

Julien Green

Le bonheur est souvent
la seule chose qu'on puisse
donner sans l'avoir
et c'est en le donnant
qu'on l'acquiert.

Voltaire

*La santé et le bonheur sont
le seul chantage des dieux...*

Jean Giraudoux

*Il vaut mieux s'unir pour obtenir
le bonheur sur la terre que de se disputer
sur l'existence d'un paradis dans le ciel.*

Maurice Thorez

**Tous les hommes font
la même erreur,
de s'imaginer
que bonheur veut dire
que tous les vœux
se réalisent.**

Léon Tolstoï

Un sourire coûte moins cher que l'électricité, mais il donne autant de lumière.

Abbé Pierre

Tous les hommes pensent que le bonheur réside au sommet de la montagne alors qu'il se trouve dans la façon de la gravir.

Confucius

La science a-t-elle promis le bonheur ? Je ne le crois pas. Elle a promis la vérité, et la question est de savoir si l'on fera jamais du bonheur avec de la vérité.

Émile Zola

Ah ! Que pour ton bonheur je donnerais le mien

Quand même tu devrais n'en savoir jamais rien,

S'il se pouvait, parfois, que de loin j'entendisse

Rire un peu le bonheur né de mon sacrifice !

Edmond Rostand

Il faut si peu de chose pour faire des heureux, dis-tu !
Erreur, il faut, au contraire, beaucoup pour cela :
il faut déjà être heureux soi-même.

Adolphe d'Houdetot

**La joie
est un pouvoir,
cultivez-le.**

Dalai-Lama

Le bonheur n'est pas une destination, mais une façon de voyager.

Margaret Lee Runbeck

On peut allumer des dizaines de bougies à partir d'une seule sans en abréger la vie. On ne diminue pas le bonheur en le partageant.

Bouddha

**Le plus grand bonheur
après que d'aimer,
c'est de confesser
son amour.**

André Gide

Quand une porte se ferme, une autre s'ouvre, mais nous passons tellement de temps à avoir des regrets pour la porte qui s'est fermée, que nous ne pouvons pas voir celle qui s'est ouverte pour nous.

Alexander Graham Bell

Tout bonheur est un chef-d'œuvre :
la moindre erreur le fausse, la moindre
hésitation l'altère, la moindre lourdeur
le dépare, la moindre sottise l'abêtit.

Marguerite Yourcenar

Le bonheur est une femme.

Friedrich Nietzsche

Le véritable bonheur
consiste à jouir du présent
sans se préoccuper
de l'avenir.

Sénèque

**Il n'y a rien
de bon ou
de mauvais,
sinon l'idée que
l'on s'en fait.**

William Shakespeare

*Le bonheur
ne s'acquiert pas,
il ne réside pas dans
les apparences,
chacun d'entre nous
le construit à chaque
instant de sa vie
avec son cœur.*

Proverbe africain

Tout ce qui n'est point bonheur nous est étranger : lui seul a un pouvoir marqué sur notre cœur ; nous y sommes tous entraînés par une pente rapide, par un charme puissant, par un attrait vainqueur ; c'est une impression ineffaçable de la nature qui l'a gravé dans nos cœurs ; il en est le charme et la perfection.

Charles de Saint-Évremond

Une personne heureuse n'est pas une personne dans un certain ensemble de circonstances, mais plutôt une personne avec un certain ensemble d'attitudes.

Hugh Downs

Faites les hommes heureux, vous les ferez meilleurs.

Victor Hugo

Il y a bien plus de terres inconnues dans le bonheur qu'il n'y en a dans le malheur. Le malheur a toujours la même voix, mais le bonheur fait moins de bruit à mesure qu'il devient plus profond.

Maurice Maeterlinck

*Souviens-toi que le bonheur
dépend non pas de ce que
tu es ou de ce que tu possèdes,
mais uniquement
de ta façon de penser.*
Dale Carnegie

***Le contentement
enrichit les pauvres ;
l'insatisfaction
appauvrit les riches.***

Benjamin Franklin

La vie est remplie de petits bonheurs ! Croyez-moi, mille mots ne laisseront jamais une impression aussi profonde qu'un seul geste.

Henrik Ibsen

Ne laisse jamais personne te dire ce dont tu n'es pas capable. C'est à toi de choisir et de vivre ta vie.

Laurent Gounelle

Ô heureux l'homme des champs, s'il connaissait son bonheur !

Virgile

*Les hommes veulent tout avoir,
et ils se rendent malheureux par
le désir du superflu ; s'ils voulaient vivre
simplement et se contenter de satisfaire
aux vrais besoins, on verrait partout
l'abondance, la joie, la paix.*

Fénelon

Tu ne seras jamais heureux
si tu cherches continuellement
de quoi est fait le bonheur. Tu ne vivras
jamais si tu cherches toujours
un sens à la vie.

Albert Camus

**Vivre sans illusions,
c'est le secret du bonheur.**

Anatole France

Quelquefois c'est un grand bonheur que de pouvoir douter…

Pamphile Lemay

Le secret du bonheur et le comble de l'art, c'est de vivre comme tout le monde, en n'étant comme personne.

Simone de Beauvoir

*Les choses ne changent pas,
change ta façon de les voir,
cela suffit !*

Lao-Tseu

Dieu s'est réservé la distribution de deux ou trois petites choses sur lesquelles ne peut rien l'or des puissants de la terre : le génie, la beauté et le bonheur.

Théophile Gautier

Trouve un endroit
à l'intérieur de toi où il y
a de la joie et utilise cette
joie afin de brûler
ta douleur.

Joseph Campbell

Il y a du plaisir à rencontrer les yeux de celui à qui l'on vient de donner.

Jean de La Bruyère

L'homme le plus heureux est celui qui fait le bonheur d'un plus grand nombre d'autres.

Denis Diderot

Les hommes, et il ne faut pas s'en étonner, paraissent concevoir le bien et le bonheur d'après la vie qu'ils mènent.

Aristote

La vraie sagesse, la vraie supériorité ne se gagne pas en luttant mais en laissant les choses se faire d'elles-mêmes. Les plantes qui résistent au vent se cassent, alors que les plantes souples survivent aux ouragans.

Épicure

Rien n'exprime mieux
la joie que le silence.
Si j'ai pu dire combien
grand était mon bonheur,
c'est qu'il était petit.

William Shakespeare

**L'amitié,
c'est ce qui vient
au cœur quand
on fait ensemble
des choses belles
et difficiles.**

Abbé Pierre

*Chez nous, les hommes devraient naître
plus heureux et joyeux qu'ailleurs,
mais je crois que le bonheur vient
aux hommes qui naissent là
où l'on trouve de bons vins...*

Léonard de Vinci

Qu'aisément un esprit qui se laisse flatter s'imagine un bonheur qu'il pense mériter !

Pierre Corneille

Il paraît qu'il ne faut pas avoir peur du bonheur. C'est seulement un bon moment à passer.

Romain Gary

Celui qui s'habitue à l'inévitable devient inévitablement heureux.

Karl Jaspers

*Plus l'amour est parfait,
plus la folie est grande
et le bonheur sensible.*

Érasme

*Les hommes se rendent malheureux non
par les choses qui arrivent mais par leur
manière de voir les choses qui arrivent.*

Épictète

Si l'on bâtissait la maison du bonheur, la plus grande pièce serait la salle d'attente.

Jules Renard

L'altruiste trouve sans le chercher ce que l'égoïste cherche sans le trouver.

Émile Coué

Quand je sais recevoir,
j'ai moins besoin de
demander ou de prendre.

Jacques Salomé

Un souvenir heureux est peut-être sur terre plus vrai que le bonheur.

Alfred de Musset

Le concept du bonheur est un concept si indéterminé que, malgré le désir qu'a tout homme d'arriver à être heureux, personne ne peut jamais dire en termes précis et cohérents ce que véritablement il désire et il veut.

Emmanuel Kant

Et comme ton bonheur
dépend tout de tes vœux,
songes-y bien avant que
de les faire.

Charles Perrault

**Le bonheur
d'un homme qui
sent la nature,
c'est de la rendre.**

Eugène Delacroix

L'activité est indispensable au bonheur.

Arthur Schopenhauer

Le désir de bonheur est essentiel à l'homme ; il est le mobile de tous nos actes.

Saint-Augustin

Il est très simple d'être heureux, mais il est très difficile d'être simple.

Rabindranath Tagore

*Chaque matin j'ouvre les yeux
et je me découvre milliardaire : la vie
est là, discrète, bruyante, colorée, petite,
immense. Le chaos, les siècles et les étoiles
ont bâti cette merveille pour moi, pas que
pour moi, bien sûr, mais est-ce ma faute
si je sais reconnaître un cadeau,
si je ne fais pas grise mine
devant ce trésor...*

Christian Bobin

Le bonheur de vivre, c'est un baiser donné et rendu avec ce mot perdu dans un soupir : encore !

Ninon de Lenclos

Il n'y a pas de grande tâche difficile qui ne puisse être décomposée en petites tâches faciles.

Adage bouddhiste

Dès l'instant où vous suivez quelqu'un, vous cessez de suivre la vérité.

Jiddu Krishnamurti

Le plus souvent, on cherche le bonheur, comme on cherche ses lunettes, quand on les a sur le nez.

André Maurois

Il n'y a pas de plus belle richesse que de vivre joyeux et tranquille sans inquiétude ni souci.

Thomas More

Pour être heureux, il faut d'abord être : c'est-à-dire prendre conscience de son existence, approfondir les instants. On nous oblige à aller vite : le bonheur n'a pas le temps de pénétrer ; il reste à la surface, il n'imprègne pas ; il a besoin de zones de stagnation pour se condenser doucement. Savoir s'asseoir sur le pas de sa porte et savourer sans hâte...

Jean Onimus

L'espèce de bonheur qu'il me faut
n'est pas tant de faire ce que je veux
que de ne pas faire ce que je ne veux pas.

Jean-Jacques Rousseau

Le bonheur n'est jamais immobile ; le bonheur, c'est le répit dans l'inquiétude.

André Maurois

Respirer, marcher, parler, regarder :
toutes choses ordinaires, dont on ne
s'aperçoit de la valeur que lorsqu'on
a failli les perdre pour toujours.
Les rescapés d'accident, de maladies
ou d'événements de vie graves
racontent tous la même histoire,
et la même sensation, liée à cette prise
de conscience : vivre est une chance.

Christophe André

Ce n'est pas notre condition, c'est la trempe de notre âme qui nous rend heureux.

Voltaire

L'homme est ce qu'il pense. Est riche celui qui se croit riche, pauvre qui se croit pauvre.

Émile Coué

*Pour être heureux, il faut
se borner au strict nécessaire,
vivre simplement,
se contenter de peu et
ne mettre de prix qu'à la paix
de la conscience, au sentiment
du devoir accompli.*

Henri-Frédéric Amiel

Un seul bonheur est capable de détruire cent chagrins.

Proverbe chinois

Ce sont les pensées d'un homme qui déterminent sa vie.

Marc Aurèle

Je vous souhaite des rêves à n'en plus finir et l'envie furieuse d'en réaliser quelques-uns. Je vous souhaite d'aimer ce qu'il faut aimer et d'oublier ce qu'il faut oublier. Je vous souhaite des passions, je vous souhaite des silences. Je vous souhaite des chants d'oiseaux au réveil et des rires d'enfants. Je vous souhaite de respecter les différences des autres, parce que le mérite et la valeur de chacun sont souvent à découvrir.

Jacques Brel

Le bonheur, c'est de connaître ses limites et de les aimer.

Romain Rolland

Le bonheur est un hôte discret dont on ne constate souvent l'existence que par son acte de décès.

Adrien Decourcelle

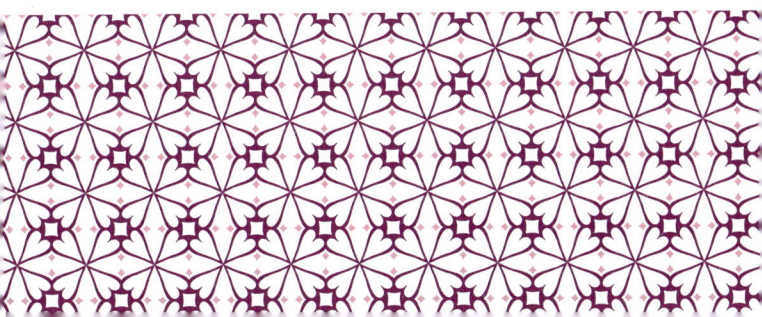

Heureux est l'homme qui s'endort en se disant qu'il a fait ce qu'il pouvait faire.

Bhagavad-Gita

Vous pouvez vaincre presque n'importe quelle crainte si vous vous décidez à le faire.

Dale Carnegie

Gravez dans votre cœur que chaque jour qui passe est le meilleur de l'année.

Ralph Waldo Emerson

*Il y a toujours
des fleurs pour ceux
qui veulent les voir.*

Henri Matisse

Les moments de crise provoquent un redoublement de vie chez les hommes.

François-René de Chateaubriand

Parfois le bonheur est une bénédiction, mais le plus souvent c'est une conquête.

Paulo Coelho

Impose ta chance, serre ton bonheur et va vers ton risque. À te regarder, ils s'habitueront.

René Char

Quelle vie merveilleuse fut la mienne ! Si seulement je m'en étais rendu compte plus tôt !

Colette

Dans vingt ans, vous serez plus déçus par les choses que vous n'avez pas faites que par celles que vous avez faites. Alors sortez des sentiers battus. Mettez les voiles. Explorez. Rêvez. Découvrez.

Mark Twain

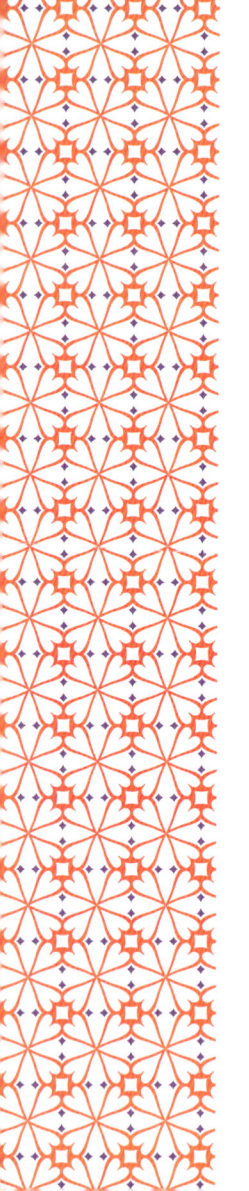

Bonheur : faire ce que l'on veut et vouloir ce qu'on fait.

Françoise Giroud

Pour digérer le bonheur
naturel comme l'artificiel,
il faut d'abord avoir
le courage de l'avaler.

Charles Baudelaire

*Il est bien vrai que nous devons penser
au bonheur d'autrui ; mais on ne dit pas
assez que ce que nous pouvons faire
de mieux pour ceux qui nous aiment,
c'est encore d'être heureux.*

Alain

On est heureux quand on a dépassé l'inquiétude du bonheur.

Maurice Maeterlinck

Des malheurs évités le bonheur se compose !

Alphonse Karr

Le bonheur ne consiste pas
dans la possession
de troupeaux et de l'or.
C'est l'âme qui est le siège
de la béatitude.

Démocrite

Parfois, nous avons tout pour être heureux ; il ne nous manque que le bonheur.

Robert Sabatier

Quand une porte du bonheur se ferme, une autre s'ouvre, mais souvent nous regardons si longtemps la porte fermée que nous ne voyons pas celle qu'on a ouverte pour nous.

Helen Keller

Je ne veux désormais collectionner que les moments de bonheur.

Stendhal

La science seule n'apportera pas le bonheur aux hommes.

Hubert Reeves

Il ne dépend pas
de toi d'être riche,
mais il dépend de toi
d'être heureux.

Épictète

Ce n'est pas parce que les choses sont difficiles que nous n'osons pas les faire. C'est parce que nous n'osons pas les faire qu'elles sont difficiles.

Sénèque

*Le plaisir n'est que le bonheur
d'un point du corps. Le vrai bonheur,
le seul bonheur, tout le bonheur est dans
le bien-être de toute l'âme.*

Joseph Joubert

Le bonheur est dans le peu.

Yves Paccalet

À un certain âge,
tout l'art du bonheur,
si cela méritait encore
ce nom, serait de pouvoir
s'isoler à point des hommes.

Charles-Augustin Sainte-Beuve

*La gloire est le deuil
éclatant du bonheur.*

Madame de Staël

*La grande affaire et la seule
qu'on doive avoir,
c'est de vivre heureux.*

Voltaire

Ne laissez personne venir à vous et repartir sans être plus heureux.

Mère Teresa

*En nous établissant dans l'instant présent,
nous pouvons voir toutes les beautés
et les merveilles qui nous entourent.
Nous pouvons être heureux simplement
en étant conscient de ce qui est
sous nos yeux.*
Thich Nhat Hanh

Il n'est pas moins essentiel pour le bonheur de conserver des désirs que de les satisfaire.

Charles Pinot Duclos

Il y a autant de manières d'être heureux qu'il y a d'individus.

Denis Diderot

Les joyeux guérissent toujours.

François Rabelais

Les gens ne comptent que leur malheur ; leur bonheur, ils ne le comptent jamais. S'ils le comptaient comme il faut, ils comprendraient que chacun a sa part en réserve.

Fedor Dostoïevski

Le bonheur chez les gens intelligents est la chose la plus rare que je connaisse.

Ernest Hemingway

*Quelle folie de regretter et de déplorer
d'avoir négligé de goûter, dans le passé,
tel bonheur ou telle jouissance !
Qu'en aurait-on maintenant de plus ?
La momie desséchée d'un souvenir.*

Arthur Schopenhauer

L'homme qui réclame la liberté, c'est au bonheur qu'il pense.

Claude Aveline

Certaines personnes provoquent
le bonheur partout où elles vont.
Pour d'autres, c'est quand elles s'en vont.

Oscar Wilde

Pour trouver le bonheur, il faut risquer le malheur. Si vous voulez être heureux, il ne faut pas chercher à fuir le malheur à tout prix. Il faut plutôt chercher comment – et grâce à qui – l'on pourra le surmonter.

Boris Cyrulnik

*La fuite devant le présent
mène inévitablement
à l'illusion.*

Jiddu Krishnamurti

**Le bonheur n'est pas
le but mais le moyen
de la vie.**

Paul Claudel

La fortune suprême d'un homme est de naître pour accomplir une tâche qui le rende heureux, que ce soit pour tresser des corbeilles, forger des glaives, creuser des canaux, sculpter des statues ou composer des chansons.

Ralph Waldo Emerson

Même si le bonheur
t'oublie un peu, ne l'oublie
jamais tout à fait.

Jacques Prévert

**La chance
ne sourit
qu'aux esprits
bien préparés.**

Louis Pasteur

La dignité personnelle, le bonheur, l'accomplissement de soi, le sens de sa vie, s'obtiennent par le travail, les rêves, le désir et la volonté des individus eux-mêmes.

Muhammad Yunus

L'homme le plus heureux est celui qui n'a dans l'âme aucune trace de méchanceté.

Platon

Le bonheur, c'est d'être heureux ; ce n'est pas de faire croire aux autres qu'on l'est.

Jules Renard

Le seul fait d'exister est un véritable bonheur.

Blaise Cendrars

Ce mot qui descend avec le soir d'été, ce mot qui tourne comme les ailes de tilleul : heureuse. Heureuse et délivrée du poids du bonheur.
On ne sait pourquoi on est heureuse et cette ignorance est certitude – certitude du cœur bleu noir. Il suffit donc d'être là.

Christian Bobin

Qui donne le meilleur reçoit le meilleur. Nous sommes seuls responsables de la morosité de nos existences.

Sylvain Tesson

Être capable de trouver sa joie dans la joie de l'autre : voilà le secret du bonheur.

Georges Bernanos

Bonheur vaut mieux que richesse.

Proverbe russe

Tu oublieras peut-être les paroles aimables que tu as dites aujourd'hui, mais la personne à qui tu les as dites peut les aimer pendant toute une vie.

Dale Carnegie

L'art de goûter le bonheur de la vie sert à le prolonger.

Jean-Jacques Rousseau

Pour la conscience comblée
par le bonheur, le passé n'a jamais
existé, la vie vient de commencer,
et l'avenir est tout advenu. Le temps
du bonheur est celui du présent indéfini.

Nicolas Grimaldi

Être étonné, c'est un bonheur ; et rêver, n'est-ce pas un bonheur aussi ?

Edgar Allan Poe

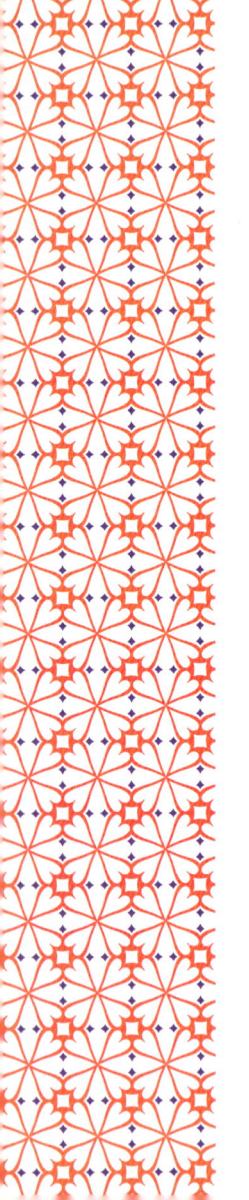

Rien n'est jamais fini,
il suffit d'un peu
de bonheur pour que
tout recommence.

Émile Zola

Heureux qui plus rien ne désire !

Pierre de Ronsard

Pour jouir de ce bonheur qu'on cherche tant et qu'on trouve si peu, la sagesse vaut mieux que le génie, l'estime que l'admiration, et les douceurs du sentiment que le bruit de la renommée.

Jean le Rond D'Alembert

Ce qu'il faut chercher et trouver, c'est la douceur sereine d'une inébranlable paix.

Alexandra David-Néel

Le bonheur ne fleurit pas pour ceux qui suivent des chemins obliques.

Pindare

Il y a plus de volonté qu'on ne croit dans le bonheur.

Alain

Un instant de bonheur vaut mille ans dans l'histoire.

Voltaire

Si, avec un mental pur, quelqu'un parle ou agit, alors le bonheur le suit comme l'ombre qui jamais ne le quitte.

Bouddha

Le bonheur est une bulle de savon qui change de couleur comme l'iris et qui éclate quand on la touche.

Honoré de Balzac

Nous recherchons tous le bonheur, mais sans savoir où, comme des ivrognes qui cherchent leur maison, sachant confusément qu'ils en ont une.

Voltaire

Pour comprendre et pour être heureux, oublie-toi.

Henri-Frédéric Amiel

*Le bonheur vient
de l'attention
aux petites choses,
et le malheur
de la négligence
des petites choses.*

Liu Hiang

Tenez-vous loin des gens qui tentent de diminuer vos ambitions. Les petites personnes font toujours ça, mais les grandes, elles, vous font sentir que vous pouvez également devenir génial.

Mark Twain

Pour rendre un homme heureux, n'ajoute pas à ses richesses, mais retire-lui ses désirs.

Épicure

La vie heureuse est celle qui est en accord avec sa propre nature.

Sénèque

Pour être heureux avec les êtres, il ne faut leur demander que ce qu'ils peuvent donner.

Tristan Bernard

Depuis que l'homme est homme, personne, aucune force, aucun régime n'a pu détruire l'aspiration au bonheur.

Martin Gray

Il n'est pas de devoir que nous sous-estimons autant que le devoir d'être heureux. En étant heureux, nous répandons anonymement le bien dans le monde.

Robert Louis Stevenson

*Lorsque tu poursuivras ton bonheur,
des portes s'ouvriront où tu ne pensais pas
en trouver et où il n'y aurait pas de porte
pour un autre que toi.*
Joseph Campbell

Le bonheur est un parfum que l'on ne peut répandre sur autrui sans en faire rejaillir quelques gouttes sur soi-même.

Ralph Waldo Emerson

Jamais les jaloux ne savourent leur bonheur : ils ne font que le surveiller.

Christophe André

Si la vie n'est qu'un passage, sur ce passage au moins semons des fleurs.

Montaigne

Le bonheur est la plus grande des conquêtes, celle qu'on fait contre le destin qui nous est imposé.

Albert Camus

Les gens ne connaissent pas leur bonheur... mais celui des autres ne leur échappe jamais.

Pierre Daninos

*Si on ne voulait qu'être heureux,
cela serait bientôt fait. Mais on veut être
plus heureux que les autres et cela
est presque toujours difficile parce que
nous croyons les autres plus heureux
qu'ils ne sont.*

Montesquieu

Le bonheur suprême de la vie,
c'est la conviction qu'on est aimé,
aimé pour soi-même, disons mieux,
aimé malgré soi-même.

Victor Hugo

L'éducation ne fait pas le bonheur.

Eugène Labiche

Il ne faut pas rêver d'installer
les hommes dans une règle
qui leur impose le bonheur, mais
de leur suggérer un état d'esprit
qui comporte le bonheur.

Maurice Barrès

Le vrai bonheur serait de se souvenir du présent.

Jules Renard

Nos moments de lumière sont des moments de bonheur ; quand il fait clair dans notre esprit, il y fait beau.

Joseph Joubert

En poursuivant toute sa vie des buts mondains, on gaspille son temps, tel un pêcheur qui jetterait ses filets dans une rivière à sec. Veillez à ce que votre vie ne s'épuise pas dans une course vaine.

Dilgo Khyentsé Rinpotché

Une vie heureuse n'est pas une vie où l'on passe son temps à décider.

John Rawls

Bonheur : as-tu réfléchi combien cet horrible mot a fait couler de larmes ? Sans ce mot-là, on dormirait plus tranquille et on vivrait à l'aise.

Gustave Flaubert

*Il est difficile de savoir si le bonheur
est une chose qui peut s'apprendre,
ou s'il s'acquiert par l'habitude ou quelque
autre exercice, ou si enfin il nous échoit
en partage par une certaine faveur divine
ou même par le hasard.*

Aristote

**Le secret du bonheur,
ce n'est pas de faire
ce que l'on aime, c'est
d'aimer ce que l'on fait.**

J. M. Barrie

J'aime la frivolité mais sans excès.
La gaieté est plus importante que la
frivolité, et le bonheur plus important
que la gaieté.

William Blake

**Je ne suis pas fier,
mais je suis heureux,
et le bonheur aveugle,
je crois, encore plus
que la fierté.**

Alexandre Dumas

C'est dans la rosée des petites choses
que le cœur trouve son matin
et se rafraîchit.

Khalil Gibran

Tout homme veut être heureux ; mais, pour parvenir à l'être, il faudrait commencer par savoir ce que c'est que le bonheur.

Jean-Jacques Rousseau

Pour vivre gaiement, chemine avec deux sacs, l'un pour donner, l'autre pour recevoir.

Johann Wolfgang von Goethe

Le bonheur, c'est lorsque vos actes sont en accord avec vos paroles.

Gandhi

Si notre esprit n'est pas en paix, le confort matériel ne nous sera d'aucun secours, pas plus qu'une chaussure dorée sur un pied déformé par la goutte.

John Bunyan

Il n'est point de bonheur sans liberté, ni de liberté sans courage.

Périclès

Le bonheur non partagé ne pourrait qu'à grand-peine être qualifié de bonheur ; il n'a pas de goût.

Charlotte Brontë

*Un grand obstacle
au bonheur, c'est de s'attendre
à un trop grand bonheur.*

Bernard Fontenelle

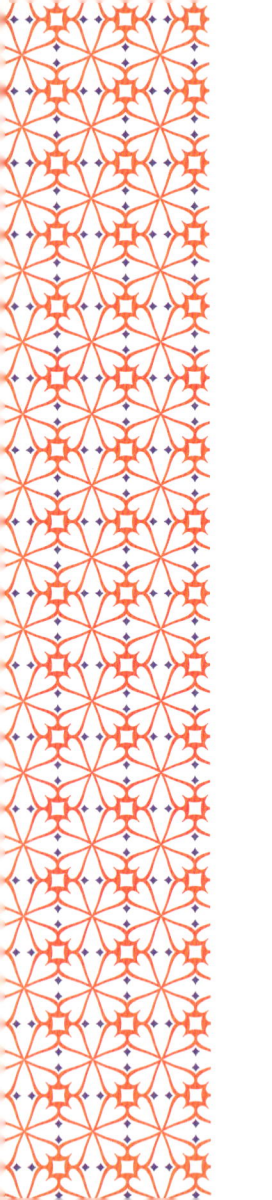

Gardons-nous d'appeler
jamais un homme heureux
avant qu'il ait franchi
le terme de sa vie.

Sophocle

**Il y a du bonheur
dans toute espèce
de talent.**

Honoré de Balzac

*La première condition au bonheur
est que l'homme puisse trouver joie
au travail. Il n'y a vraie joie dans le repos,
le loisir, que si le travail joyeux le précède.*

André Gide

Il n'y a qu'une route vers le bonheur, c'est de renoncer aux choses qui ne dépendent pas de notre volonté.

Épictète

Plus vous faites de bien aux autres, plus vous en faites à vous-même.

Émile Coué

Le vrai bonheur coûte peu ; s'il est cher, il n'est pas d'une bonne espèce.

François-René de Chateaubriand

Ne rien faire est le bonheur des enfants et le malheur des vieux.

Victor Hugo

Le chemin qui mène au bonheur demande parfois de renoncer à la facilité, pour suivre les exigences de sa volonté au plus profond de soi.

Laurent Gounelle

Il n'y a point de chemin
vers le bonheur.
Le bonheur,
c'est le chemin.

Lao-Tseu

Un mendiant bien portant est plus heureux qu'un roi malade.

Arthur Schopenhauer

Le contentement est une perle rare, et celui qui a la sagesse de l'échanger contre des milliers de désirs fait une bonne affaire.

John Balguy

Le bonheur n'est pas
chose aisée.
Il est très difficile
de le trouver
en nous. Il est
impossible de
le trouver ailleurs.

Bouddha

Le problème qui consiste à déterminer d'une façon sûre et générale quelle action peut favoriser le bonheur d'un être raisonnable est un problème tout à fait insoluble.

Emmanuel Kant

Le bonheur, c'est de se sentir beau dans le regard des autres.

Albert Jacquard

Je me sens fort dans la vitesse et heureux dans la lenteur. C'est pourquoi je préfère la lenteur.

Christophe André

Le bonheur n'est pas dans les événements. Il est dans le cœur de ceux qui les vivent.

André Maurois

Si vous pouvez vous concentrer toujours sur ce qui est présent, vous serez un homme heureux.

Paulo Coelho

> **Nous gagnerions plus de nous laisser voir tels que nous sommes, que d'essayer de paraître ce que nous ne sommes pas.**
>
> *François de La Rochefoucauld*

Il m'a fallu toute une vie pour comprendre que le bonheur se trouve dans les petites choses et non dans les paroxysmes de l'extase.

Anaïs Nin

Prenez soin des minutes, les heures prendront soin d'elles-mêmes.

P. D. Stanhope

L'avenir appartient à ceux qui croient à la beauté de leurs rêves.

Eleanor Roosevelt

L'homme heureux et optimiste est un imbécile.

Jules Renard

Si tu veux comprendre le mot bonheur, il faut l'entendre comme récompense et non comme but.

Antoine de Saint-Exupéry

*Le bonheur est
un vêtement fait
à la taille de celui
qui le porte,
il ne peut aller
à aucun autre.*

Adolphe d'Houdetot

Ce qui est derrière nous et ce qui est devant nous ne sont que peu de choses comparés à ce qui est au-dedans de nous.

Oliver Wendell Holmes

Apprenons, avant toutes choses, à n'être pas ébloui du bonheur qui ne remplit pas le cœur de l'homme.

Jacques-Bénigne Bossuet

Hâte-toi de bien vivre et songe que chaque jour est à lui seul une vie.

Sénèque

Chaque fois qu'on pose un acte
de tendresse, d'affection, d'amour,
on modifie un tout petit peu l'avenir
de l'humanité dans le bon sens.

Christophe André

S'il y a un remède, à quoi
bon le mécontentement ?
S'il n'y en a pas, à quoi bon
le mécontentement ?

Shantideva

**Notre vie se perd
dans les détails…
Simplifiez,
simplifiez,
simplifiez !**

Henry David Thoreau

Certaines personnes voient les choses telles qu'elles sont et se disent « Pourquoi ? ». Je rêve de choses qui n'ont jamais été et je me dis « Pourquoi pas ? ».

Georges Bernard Shaw

Sois la personne que ton chien pense que tu es.

John W. Stephens

La satisfaction intérieure est en vérité ce que nous pouvons espérer de plus grand.

Baruch Spinoza

*Nous sommes entièrement responsables
de nos vies, non seulement de nos actions
mais aussi de ce que nous ne faisons pas.*
Irvin D. Yalom

Le bonheur, c'est un bon compte en banque, une bonne cuisinière et une bonne digestion.

Jean-Jacques Rousseau

De l'application du contentement naît un véritable sentiment de bonheur profond.

Yoga Sûtra

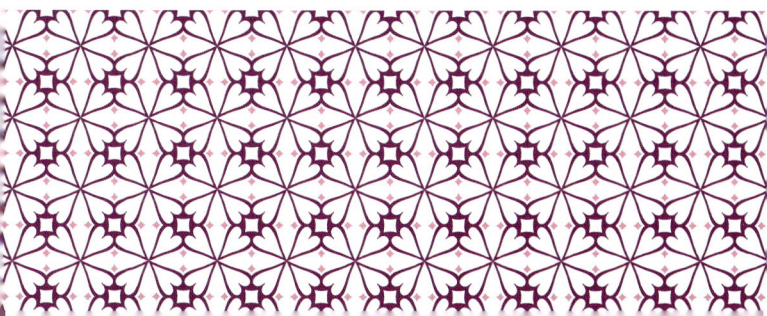

Le vrai nom du bonheur, c'est le contentement.

Henri-Frédéric Amiel

Le bonheur est dans le présent.
Pas dans les douleurs du passé
et les craintes de l'avenir.

Christophe André

*Le bonheur n'est pas le fruit
de la paix, le bonheur,
c'est la paix même.*

Alain

*Ne pleurez jamais
d'avoir perdu
le soleil, vos larmes
vous empêcheront
de voir les étoiles.*

Rabindranath Tagore

Le bonheur devrait rester libre de toute analyse, aussi longtemps que possible.

Stephen King

J'étais tellement heureux que je voulais mourir parce que le bonheur il faut le saisir pendant qu'il est là.

Romain Gary

La joie est en tout, il faut savoir l'extraire.

Confucius

Tous les hommes sensés sont d'accord que si le bonheur ne nous vient pas de nous, il ne nous viendra de nulle part.

Alexandre Vinet

*Le bonheur c'est l'absence,
c'est d'être enfin absent
à soi, rendu à toutes choses
alentour.*

Christian Bobin

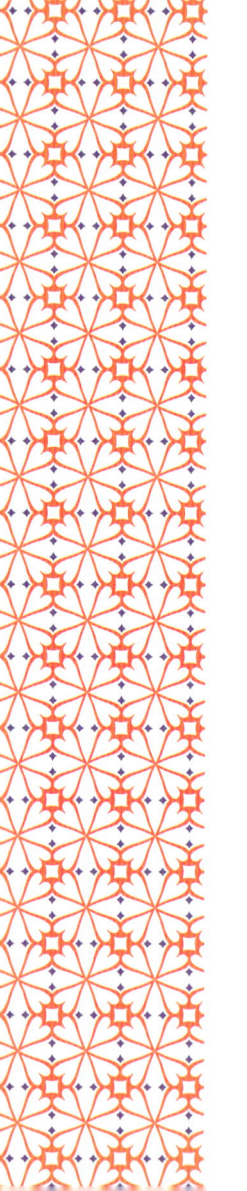

Le bonheur est un mot abstrait composé de quelques idées de plaisir.

Voltaire

Dis-toi d'abord ce que tu veux être, puis fais ce qu'il faut pour le devenir.

Épictète

Nos désirs vont s'interférant et,
dans la confusion de l'existence, il est rare
qu'un bonheur vienne justement se poser
sur le désir qui l'avait réclamé.

Marcel Proust

Le bonheur n'est pas dans la simple possession de l'argent ; il réside dans la joie, dans le frisson de l'effort créatif.

Franklin D. Roosevelt

Le bonheur naît du malheur ; le malheur est caché au sein du bonheur.

Lao-Tseu

N'évalue pas chaque jour qui passe par ce que tu récoltes mais plutôt par ce que tu sèmes.

Robert Louis Stevenson

Si vous voulez être heureux,
soyez-le !

Léon Tolstoï

Sur les flots, sur les grands chemins,
nous poursuivons le bonheur.
Mais il est ici, le bonheur.

Horace

Direction de la publication
Isabelle Jeuge-Maynart et Ghislaine Stora

Direction éditoriale
Agnès Busière et Sophie Descours

Édition
Maëva Journo

Conception graphique
Valentine Antenni

Mise en page
Informatique éditoriale
Florence Le Maux

Couverture
Véronique Laporte

Fabrication
Rebecca Dubois

© Larousse 2017

Toute reproduction ou représentation intégrale ou partielle, par quelque procédé que ce soit, de la nomenclature et/ou du texte et des illustrations contenus dans le présent ouvrage, et qui sont la propriété de l'Éditeur, est strictement interdite.

LAROUSSE s'engage pour
l'environnement en réduisant
l'empreinte carbone de ses livres.
Celle de cet exemplaire est de
1 kg éq. CO₂
Rendez-vous sur
www.larousse-durable.fr

PAPIER À BASE DE
FIBRES CERTIFIÉES

Imprimé en Espagne par Macrolibros
Dépôt légal : mars 2017
318874-11/03428/01-avril 2017
ISBN : 978-2-03-593637-0

Si le bonheur égoïste est le seul but de votre existence, votre existence sera bientôt sans but.

Romain Rolland